JN440684

세월무상
歲月無常

세월무상
歲月無常

윤주동 창작집 제1집

책나무

세월무상歲月無常 책머리에…

나는 가만히 서 있다
그런데,
그런데 세월歲月의 굴레에 얽매여,

자꾸만,
자꾸만 아래로 떨어지는 것 같다

오늘도,
오늘도 어제처럼
또, 아래로 떨어지는 것 같다

내일도,
내일도 밀려 내려가겠지

아래로,
아래로 또,

끝없이 아래로,
아래로……

■ 목차

세월무상
歲月無常

세월무상歲月無常

녹수綠樹에 놀던 세월歲月
세상世上을 희롱戲弄했더냐
어이타 이 내 몸은
백발白髮이 업었느뇨

아름답던 추억追憶들이
가슴에 피어나도
낙조落照의 그늘 아래
외로이 섰는구나

북망산北邙山 찾는 벗들
쌓은 정情 허무는구나
호시절好時節 이팔청춘二八青春
많던 꿈 어디 두었뇨?

부여잡고 애원哀願해도
천추千秋의 한恨이 되니
무정無情한 이 세월歲月을
야속野俗타 아니 할꼬

우리 아가

앞집 개야 짖지를 마라
네가 울면 우리 아가
잠을 깬단다

산바람아 불지를 마라
네가 울면 우리 아가
잠을 깬단다

두리둥실 귀여운
우리 아가 잠이 깨면
엄마 찾아 아빠 찾아 운단다

아가! 아가! 우리 아가
해가 뜨면 달이 뜨면
엄마 오고 아빠 돌아온단다

떠난 사랑

사랑은 눈물,
사랑은 이별,
당신은 얄미운 철새
계절 따라 변한다 해도
미련마저 버릴 수 있나

그리움은 어디 두고
외로움은 어찌하고
두 눈 감고 돌아서서
잊은 척 할 수 있을까

만남 뒤에 이별이 온다고
말들을 하지만,
가슴 속에 새긴 정을
세월 속에 지울 수 있을까

못 잊어 생각날 땐
미워하며 잊어야 하나
그래도 그리울 땐
어떻게 잊어야 하나

그리운 얼굴

미소 띤 그 모습
오늘도, 가슴에 심는
그리운 얼굴이여

긴 머리 검은 눈동자
다정했던 목소리도
귓가를 맴도는데

엇갈린 세월 속에
만날 날이
언제일까

또다시, 생각나면
조용히 눈을 감고
지난날 기억 따라

새하얀 그림 그리리
영원토록 잊지 못할
그리운 얼굴이여

기다려 주오

울지를 마오 울지를 마오
내 사랑 그대여

간다 한들 아주 가고
다시 못 올 길은 정녕 아닌데

웃으며 보내주오
눈물을 보이지 말고

다시 만날 그 날을 생각하면서
아쉬움을 달래요

기다려주오 기다려주오
내 사랑 그대여

떠나간들 잊을 소냐
나에게는 오직 당신뿐이요

고독孤獨한 천사天使

푸른 꿈 고운 꿈을
별 하늘에 뿌리고

무지갯빛 오색 날개
구름 위에 실었다네

기약은 가슴 깊이
메아리 되었어도

못 잊을 그 모습은
언제나 새로워라

만남이 있었으니
이별도 있었겠지

그렇게 달래보는
고독한 천사…

너를 보내고

이제는 떠나야 한다던
너를 보내고

못 잊어 그리워
이토록 애를 태우네

가슴에 쌓여 오는
미련을 부여잡고

스쳐가는 세월 속에
내일을 기약하며

오늘도 어제처럼
아련한 얼굴을

불러 보면 다시 올까
후회하며 흐느낀다

자식子息의 마음

밤은 깊어 자정인데
고향 그려 잠 못 이루네
부모 형제 이별할 때
금의환향 기약했건만
방황 길을 걸어가는
서러운 나그네 마음
아! 부모님은 알아주실까
고향 생각 애태우는
자식의 마음을

베갯머리 적셔 놓고
울다 지쳐 잠이 들면은
꽃이 피던 고향 길을
몇 번이고 달려가건만
눈을 뜨면 가야 할 길
아득한 나그네 마음
아! 부모님은 알아주실까
천 리 타향 떠나오던
자식의 마음을

비가 내리기 시작한 겨울

사랑이, 침묵 속의 꽃이라면
낙엽은, 낙엽은 어디로 가나

눈물이, 빈 가지의 숨소리라면
철새도, 철새도 울지 않으리

싸늘한, 빗소리는 지난날
아쉬움, 아쉬움을 사르고

가슴에, 피어나는 한 송이
꽃망울, 꽃망울을 적셔주네

허무한, 그 꿈속에서 머물렀다,
가야 할 발길 따라

그리움, 그리움의 조각들이
얼어붙은 눈길 위에

비, 비, 비, 비가 되어 내린다
자꾸만, 자꾸만 내린다

나만의 계절季節

나의 노래 속에
숨 쉬는 그리움이 있다면,
가슴 깊이 새긴 아련한
당신의 모습이어라

모두 지우려 애를 써도
못 잊을 아쉬움 있다면,
내 마음 모두가
흐느낌 속에 머무름이어라

오직 잊고 저 하여도,
숨길 따라 피는 꽃은
나만의 계절 속에
외로운,
당신의 조각 꿈들

그리고,
입술에 숨어드는
당신의 이름이어라

사랑의 등불

잠든 밤을 깨워 놓고
그리움을 전해 볼까

언덕 위에 홀로 서서
그 이름을 불러 볼까

내 가슴에 꺼지지 않는
등불을 밝혀 놓고,

지켜달란 말도 없이
떠나버린 그 사람

젖어드는 외로움을
지울 길은 없어라

내 가슴에 꿈을 주던
오직, 당신이었기에

달the moon

| 80' 10 : TBC국제가요제 출품

어두운 밤하늘에
맴도는 저 달은
임 잃은 때문일까
그리움 때문일까

내 마음에 머무는
외로움을 달래노라면
누군가 만나고픈
그 얼굴을 닮았네

구름아 비켜 가라
바람아 불지 마라
내 마음 달래주는
저 달을 위하여

먼 훗날 나도 모르게
내 마음 변해 버리면
저 달은 지금의 나처럼
쓸쓸하고 외로울 거야

태양the sun

뜨겁게,
뜨겁게 불타는 태양
꽃잎이 바람결에 손짓할 때면,

수줍어,
얼굴을 붉히며,
구름 숲 속으로 숨어 버리네

서산에 지는 해야
노을에 젖는 해야
한낮에 뜨겁던 사랑의 그 정열,

누구에게 모두 주고 기울어 가느냐
불타던 태양은
싸늘하게 식어만 가네

등대燈臺

낯설은 바닷가 모퉁이 길에
어둠이 살포시 내려앉으면
머물 곳 못 찾는 이 내 마음은
노을 속 밤길로
달려서 간다

밤하늘 별들마저 잠이 들어도
뱃고동 기다림에 잠들 수 없고
적막 속 외로움에 인내를 쌓고
생의 맥박처럼 숨을 이어가는
꺼질 듯, 꺼질 듯,
외로운 등대

먼 길을 떠나가는 나그네마냥
바닷새 노래 소리 벗을 삼으며
길 찾는 고동 소리 기다림 속에
꿈의 대화처럼 말을 이어가는
꺼질 듯, 꺼질 듯,
외로운 등대

미로迷路

저만큼에서
손짓하는
지난날의 그리움 속에
이슬 고인
눈망울로
미소 짓는 얼굴이 있다

어느 날인가
새겨 놓은 조각들도
강물이 되어…

가지마다
꽃을 피워…
꿈속으로 젖어드는데…
잊어도,
못 잊어도,
서러운 이 내 마음,

밤길마다
철새 되어
먼 하늘을 날은다

겨울 무지개

새하얀 나뭇가지 사이에로
찬바람이 불어오던 날
짝 잃은 철새 한 마리
빈 하늘가를 맴돌며
외로움에 젖어 울었고
나! 나, 또한
임의 얼굴을 잃어야만 했었지

영원히, 가슴에 머무는
정情만을 달래가면서
오늘의 쓸쓸한 길을 살아가는 나,
나는,
나는 외롭지 않아라
따스한 임의 입김이 있기에

나는, 나는 슬프지 않아라
싸늘한 꽃 무지개가 있기에
내 님의 그리움 속에 내가 있다면
나는,
나는 떠나리라 먼 길을 떠나리라
꿈길 속에 머무는 내 님을 찾아서…

잃어버린 계절季節

창가에
아롱져 오는
외로운 나래가 있어
아름답던 계절은…
떠나갔는가,
한마디 말도 못하고…

꽃이 피던
그날들은,
눈물 속에 머물고
노래하던
철새들은,
노을 속에 숨었네

하룻밤,
꿈에 젖은 듯
한 아름 아쉬움 주고
아름답던 계절은…
가버렸는가,
아무런 소리도 없이…

외로운 그림자

말없이 떠나가던
세월歲月은, 저만치 있고…

사랑은, 그리움 찾아
빈 거리를 헤매네

한 가닥, 아쉬움은
먼 미래를 부여잡고,

돌아선, 그날들은
오늘을 되찾는구나

창밖에, 지는 낙엽
숨소리를 멈추어도

아롱지는, 그 모습은
외로운 그림자여라…

봄春 그리고 겨울冬

봄날에
꽃이 피듯
우린 서로 사랑했는데
겨울의
태양처럼
식어버린 아쉬운 꿈들

그 모습은
언제라도
내 곁에서 머무는데
보고픈
그 사람은
돌아올 줄 모르네

내 마음은
변함없이
봄날처럼 꽃피는데
이토록
애태우는
그 마음은 겨울인가

비오는 도시都市

내 가슴에 비 내려,
그대 가슴에 젖어들 때
그대는 울었나요 슬픔에 겨웠나요

찬바람 불어와, 옷깃을 여미며
내 마음 잠재울 때
그대는 발길을 재촉했나요

아스팔트 빗길 따라
사랑 노래 들려올 때 나는야 느꼈어요
고독孤獨에 빠진 걸음을,

비 오는 도시엔,
상념想念의 뿌리뿐 다만,
얼어 버린 계절季節이

바람 따라 흐르고 있을 때
내 마음은 태양太陽을
숨겨야만 했습니다

나의 님아!

나에게는 아직도
뜨거운 사랑이 남았는데

나의 님아!
내 청춘 새벽길로 떠나려 하나요
무엇이 그렇게 애달파서

이 넓은 세상 모퉁이에
나만을 외로이 남겨두고
발걸음을 재촉 하나요

내 사랑의 배신자가 되어
아픔을 주려 하나요
나의 님아!

이 마음은 오직, 당신만을 사랑합니다
쌓은 정 남겨두고,
내 곁을 떠나지 말아줘요

나의 님아!
당신을 위해서라면 이 한목숨 바치겠어요

비의 추억追憶

적막한 어두운 이 밤
창가에 울며 내리는

조용한 빗방울들이
그 님의 모습 그리네

빗소리 슬피 울던 밤
아쉬운 미련 남기고

멀어져 가던 모습이
너무도 쓸쓸했었지

오늘도 비오고
임 생각 지울 길 없어

쓸쓸한 눈물만,
한없이 흘러내리누나

돌아올 기약조차
하지 못한 하얀 꿈속에

빗소리 홀로 들으며
그리움을 찾아 나선다

자꾸만 나를 부르는
빗소리,

아!
그 님 목소리…

잊지 말고 생각해주

가시려나
정을 두고 아주 멀리
가시려나
지난날의 언약言約 두고
세월歲月따라 가시려나

모진 바람 불어와도
다시 만날 훗날까지
꽃이 피던 그날처럼
마음을 달래가며
잊지 말고 생각해주

그대…
멀리 있다 해도
외로운 곳에 남긴 정을
잊지 말고 생각해주

사랑을 아직은 몰라요

사랑이 무엇인지
아직은 몰라요
그러나 가슴속에
머무는, 그리움은 알아요

깊은 잠에서 깨어나,
조각배를
띄워서
끝없이 펼쳐진

저 바다를 향해서
모두를 실어
어디론가 보내고파요
내 마음

사랑이 무엇인지
아직은 몰라요
그러나 세월 속에
쌓이는, 외로움은 알아요

세월歲月

꽃 내음 향수香水를
온몸 가득 바르고
하늘을 가르는
검푸른 그림자

가슴엔 찬란燦爛한
사랑이 뿌리내리고
따스한 바람결에
졸린 눈 비벼 뜨네

구름 위 태양太陽처럼
뜨거운 정열情熱은
밤길을 밝히며
걸음마 배우고…

흘러가는 강물처럼
소리 없는 적막寂寞에
내일을 향하는
기다림만 더 한다

독신녀獨身女

그리움은 갈대처럼
바람결에 춤을 추고

세월은 강물처럼
굽이굽이 흘러간다

석양에 타는 순정
남몰래 달래가며

긴 세월에 맺은 언약
꿈길 속에 새겨보는

이 마음을 누가 알리오
소리 없는 설움들을

그 사람은 알아줄까
거울 속의 독신녀

사랑은 그런 것

때로는 기쁨을
때로는 슬픔을
그리고 행복을
황홀한 꿈길을

새처럼 날으며
한 송이 꽃처럼
가슴에 피는 것
사랑은 그런 것

때로는 곁에서
때로는 멀리서
마음을 태우는
얄미운 꿈의 성

그러나 언제나
가슴에 머물며
행복을 주는 것
사랑은 그런 것

꽃은 피는가

다정한 임 떠났어도,
꽃은 피는가
외로운 날 보란 듯이,
꽃은 피는가

별빛 고운 하늘가에
철새가 되어
가는 세월 부여잡고
하소연하는
지친 나래 밤이슬에
젖고 젖는데…

바람결에 수줍은 듯
꽃은 피는가
외로운 날 보란 듯이
꽃은 피는가

야속野俗한 님아

흐르는 세월 속에
미련을 두고 간 님
그 날이 언제일까
오늘도 애태우네

기약을 하지 말지
발길을 묶어 놓고,
빈 하늘 구름처럼
야속野俗한 나의 님아

못 잊을 내 가슴에
정情만을 두고 간 님
그리움 낙엽落葉처럼
한없이 쌓이는데…

기약期約을 하지 말지,
이 마음 묶어 놓고
오늘도 소식 없는
야속野俗한 나의 님아

너는 왜 떠났나

다정히 속삭이던
밤하늘 별들도

고요히 잠이 드는
적막한 이 밤

나는 왜, 홀로 섰나
외로운 이 언덕에

너는 지금 어데 있나
내 마음 묶어 놓고,

허전한 발길마다
아쉬움에 젖는다

못다 한 꿈을 두고
너는 왜 떠났나

잊으려 해도

하염없는 밤비가
내 가슴을 적셔주네
뒤돌아서 가 버린…
임의 얼굴 싣고서…
기약 없는 기다림에
발길은 머물고,

어느덧,
빗줄기도 눈물이 되었나
잊으려 해도 소용없고
빗물만이 흐르네
잊으려 해도 미워해도
변함없는 내 사랑

김해金海는 내 고향故鄕

실바람 불어오는 갈대밭에서
새들이 노래하는 풍년가 속에
논밭에 모여 일하며 정을 나누던

언제나,
가고파 꿈길마다 달려가는 곳

아! 그리워라
김해는 내 고향

밤 깊은 부산에서 고운 불빛이
내 고향 언덕길에 아롱질 때면
모닥불 피워 놓고 노래 부르던

내 사랑,
두고 온 그리움이 손짓하는 곳

아! 보고파라
김해는 내 고향

누가 말해 주오

한줄기 세월 속에
사랑의 꽃 피웠는데…
낙조落照마저 설움 되어
이 발길에 머무네

내 사랑 어디 가고
이 내 마음 철새 되었나
그 얼굴 어디 가고
못 잊어서 헤매이나

그 누가 말해주오
그녀가 말없이
떠나가던 그 길을…

그 누가 말해주오
그녀가 울면서
돌아서던 그 길을…

사연辭緣

가시밭길 멀다 해도
두려울 것 없었는데
맹세는 지워져 버리고
세월만 아쉬워하네
가야하는 길이라면
말없이 보내리라
아! 그대여
서러워 마오

사랑 속에 믿음 두고
이별 올 줄 몰랐는데…
우리는 어쩌다 이렇게
헤어져 살아야 하나
어차피 갈 길이라면
웃으며 보내리라
아! 그대여
울지를 마오

우리 어머니

어머니!
어머니!
보고 싶은 우리 어머니!
언제나 지친 모습에
미소 짓던 우리 어머니!

공부하려 타관 객지
떠날 때나 돌아올 때면
내가 제일 좋아하는
부추잡채 만들어 놓고

환하게 웃으시며
반겨주던 우리 어머니!
어머니!
오늘 밤도,
그리워서 불러 봅니다

어머니!
어머니!
보고 싶은 우리 어머니!
언제나 젖은 얼굴에
젖은 손길 우리 어머니!

변함없이 살펴 주던
어머니의 뜨거운 사랑
내 곁에만 계신다면
정성으로 보답하련만,

오늘도 어제처럼
못 잊어서 애태웁니다
어머니!
불러 봐도,
대답 없는 그리운 음성

당신 생각

새벽닭이 우네요
벌써 날이 밝아오네요
오늘도 당신 생각에
이 한밤을 지새웠네요
수많은 밤들마저
지나쳐 버리고서
나만의 고독 속에
속삭임 그려왔네요

새 한 마리 우네요
돌아갈 길 잃었나 봐요
뜨겁던 태양마저도
숨어버린 이 한밤에
말없이 달려오는
그리움이 미워져요
오늘도 당신 생각
지울 순 없을 거예요

사랑의 전설傳說

사랑의 느낌은
미움의 시작이라네
사랑의 전설은
그리움의 강물이라네

만나는 순간마다
사연을 만들어 가고
정다운 대화 속에
미래를 쌓아 가며

언제나 마주 보며
함께하는 시간 속에
서로를 이해하며
한 송이 꽃 피우는 것

사랑의 그늘엔
이별이 살고 있다네
사랑의 전설은
외로움의 생명이라네

내 사람입니다

저 사람은 내 사람입니다
황혼에 물들어 부서지는 파도를
외로이 바라보며 뱃전에
기대앉은 저 사람은,
내 사람입니다

나를 위해서…
삼시 세끼 챙겨 주고
잠자리를 돌봐 주며
항상 보살펴 주는
내 사람입니다

내가 외롭게 했나 봅니다
오늘따라 너무 처량해 보입니다
그래도 저 사람은,
내 사람입니다

내가 잘 해야겠습니다
잔주름이 너무 많이 생겼습니다
앞으로 신경을 많이 써야 하겠습니다
그래도 내가 사랑하는,
내 사람입니다

우리 만난 지 어언 37년…
오랜 친구 같습니다
나를 너무나 잘 아는 사람입니다
그래서 저 사람은,
내 사람입니다

2013. 10. 18. 홍도행 쾌속선상에서…

조각 꿈

마지막, 인사 속에
남긴 미소를 못 잊어

기다리는 날들은
오늘도, 낙엽으로 쌓인다

상념의 뿌리를 부여잡은
기나긴 역사는

미련뿐인 마음속에
오직, 목 놓아 부름이어라

그대, 떠난 빈 거리에
조각난 꿈만 나뒹굴고

잊는다 해도 안타까운
그대, 얼굴인 것을

나의 마음은

시냇가 초원에
송아지 뛰놀고
냇물 소리 장단에
새들이 노래하고

꽃길엔 너울너울
벌 나비춤을 추는
행복이 가득한
외로움 없는 그곳

버들잎 그늘에
강아지 잠들고
옹달샘 터 꽃사슴
행복을 노래하고

조약돌 물 머금고
밀어를 속삭이는
언제나 따스한
사랑이 꽃피는 곳

시인詩人의 고향故鄕

외줄기 바람 따라
작은 새 날아들고

곱게 핀 꽃길 위에
그리움도 잠이 들어

좁다란 마을 길엔
시냇물 노래하니

지난날 시름들은
한 조각, 구름이어라

사계절, 길목마다
사랑을 실어올 때

시인은 꿈을 꾸네
향수鄕愁에 젖어드네

당신은 갈대

조각구름 달려가는
하늘 저 멀리 아련하게
그려지는 얼굴 있지만,

내 가슴에 그리움의
나래가 되어 세월 따라,
정처 없이 흘러서 간다

세월이야 가야지만,
당신마저
무정하게 떠날 수 있나

아! 당신은 갈대
바람 부는 언덕에
홀로 선 갈대

아! 당신은 갈대
바람 부는 길목에
홀로 선 갈대

사랑의 등대燈臺

나는 싫어요
그대의 눈빛이
의미意味 없는 그 눈빛
나는 싫어요

그대 오로지
나만을 지켜주는
사랑의 등대가
되어줄 수 없나요

나를 보세요
가슴을 열고 있어요
한 아름 꽃다발을
안겨 주세요

나는 싫어요
그대의 마음이
식어버린 그 마음
나는 싫어요

벌써 잊었나요

벌써, 나를 잊었나요
보고 싶은 당신이여
하루 이틀, 기다림에
세월만 흘러가네

재회의 기쁨이
더,
크다고 말하면서
울먹이는 내 마음을

달래주고
떠나기에
이별의 아픔도
사랑인 줄 알았는데…

벌써, 나를 잊었나요
소식 없는 당신이여
애태우는 이 순정을
벌써 잊었나요

하얀 낙엽落葉

말없이 가렵니다
다시, 못 올 길이라지만,

지난날의 사연일랑
세월, 속에 묻어 두고,

가야 할 길이라면
아픈, 마음 가져가리오

그래도, 못 잊을 건
너무 짧은 세월 속에

가슴 깊이 새겨 놓은
따스한 정이어라

그 누가, 뭐라 해도
잡지 못 할 세월이기에

이별 길에 미련 두고
눈물 속에 떠납니다

알알이 맺은 정에
발길 잃은 나그네 되어,

기약도 할 수 없는
운명이라 생각하고

바람결에 말없이
떨어지는 하얀 낙엽

꽃님아!

오!
나의 사랑 꽃님아!
날 두고 어디로
떠나가 버렸나

오!
보고 싶은 꽃님아!
널 찾아 돌아온
사나이 길인데…

꽃님아! 고향 두고,
어디로 떠났나
꽃님아! 맺은 언약,
아직도 꽃피는데…

꿈길마다 살고 있는
나의 꽃님아!
기다림만 더해 가는
나의 꽃님아!

고아孤兒

저 넓은 하늘가에
나의 꿈이 있다면
구름을 멀리하고
비가 되지 말아라

내 작은 가슴속에
사랑이 있다면
꽃처럼 아름답게
가슴 가득 피어라

찬란한 태양처럼
세상의 등불이 되어
외로움을 태워라
서러움을 태워라

저 넓은 하늘가에
나의 꿈이 있다면
구름을 멀리하고
비가 되지 말아라

난 몰라

난 몰라, 난 몰라,
그 사람 오지 않네, 오지 않네

애타게 기다리다
쓸쓸히 돌아가네, 돌아가네

약속한 그 사람
내 마음 몰라주네

행여나 갈대처럼
그 마음 변했을까, 그 마음 변했을까

아!
난 몰라, 난 몰라,
그 사람 오지 않네, 오지 않네

설레던 마음도
어느덧 사라졌네, 사라졌네

당신의 눈동자

어두운 밤하늘에
별처럼 빛나던

당신의 눈동자

당신의 눈동자
그 속에 내가 있고

내 꿈속엔, 언제나
당신이 있었는데

꿈을 주던 그 눈동자
지금은 어디 갔나

단둘이 새긴 자리,
그리워서 찾아가도

낙엽 따라 찬바람만,
휑하니 불어오네

구름

널따란 하늘가에
그림 한 폭 그리다가

흩어지는 저 구름
그리움을 품었네

짝 잃은 새 한 마리
구름 위로 날아오르고

내 마음 새들처럼
구름 속에 실렸네

누구를 기다리는
아쉬움의 그림자처럼

태양을 뒤에 두고
자꾸만 흘러서 가네

가다가,
가다가, 지치거든
임의 얼굴 그려주렴

마음은 태양太陽

푸르던 잎 시들어서
바람결에 흩날리고

철새들은 짝을 찾아
소리 내어 날아가네

쓸쓸한 빗속으로
떠나버린 얼굴 하나

마음을 달래가면
잊을 수도 있겠지만

태양처럼 뜨거웠던
사랑이 있었기에

못 잊을 내 마음은
언제나 불타는 태양

사랑의 고향故鄕

사랑이었네
그때 그 마음이

아쉽게 식어 버려
가슴 적시네

그땐 몰랐네
그리움이 될 줄을

지금에야 느껴 보는
사랑의 꿈길…

사랑도, 고향이 있다면
돌아오겠지

정을 두고 떠나간
사랑이기에

아! 돌아오겠지
아! 나의 곁으로

시詩보다 슬픈 노래

사랑의
기나긴 역사
어두운 밤길에 피고

숨 쉬는
침묵의 노래
밤하늘 가를 맴돈다

별들의
외로운 생애를
차디찬 가슴에 싣고

떠나갈 길
잃어야 했던
한 마리 철새의 사연을

아는 듯
나래 편 마음
밤이슬에 젖어 흐느낀다

보내긴 싫었는데

당신이 떠난다고
흐느끼며 말했을 때
아무 말 못하고서
빈 하늘만 바라보았지

보내긴 싫었는데
보내긴 싫었는데
울고 있는 당신 때문에
눈물을 감추었지

맺은 언약 지키지 못할
사연을 모른다 해도
당신만의 길이라면
보내줄 수 있다고 했는데

당신의 뒷모습이
촛불처럼 꺼져갈 때
나는,
나는 바보처럼
소리 내어 울고 말았네

그대에게

들려오네 목소리,
귓가를 맴도네

언제라도 좋아요
느낌만 온다 해도

외롭다고 생각들 땐
눈을 감고 그려 봐요

미소 띤 그대 얼굴
따뜻한 그대 마음을

생각해요 때로는
그리움을 가져요

이 밤마저 가져요
꿈을 주던, 그대여!

그런데

나에겐, 외로움도 없소
나에겐, 슬픔 또한 없소

나에겐, 그리움도 없소
나에겐, 기쁨 또한 없소

가진 것도 없지만
아쉬운 것 별로 없소

사랑 미움 이 모두
느껴본 적 별로 없소

그런데, 내 마음
낙엽이 되었네요

찬바람에 뒹굴며
어디론가로 가려 하네요

꿈꾸는 소녀少女

장미꽃 향기도
새들의 노래도
모두가 날 반겨
손짓해 주는데

꽃구름은 하늘가에
얼굴 하나 그려 놓고
뜻 모를 몸짓으로
어디론가 가려 하네

오늘도 언덕에 서서
저녁노을 맞이하며
달맞이꽃처럼
기다림을 배운다

꿈속의 길이면
언제나 좋아요
꿈속의 님이면
이별도 없을걸

세월歲月아!

세월아!
왜 이리
소식도 없이 흐르나

수많은,
사연들을
모두 다 가져가 버리고

사랑은,
영원한데
잊을 길 없는데

뜬구름인가
만날 길은 없네

영원한 사랑!
영원한 사랑!

지난날,
아름답던
내 사랑 실어다 주렴

얄미운 얼굴

그리움에 젖어 태워버린
날들 따라 까맣게
타버린
잊어야 할 모습이

내 가슴에 비가 되어
한없이 흐르네
미련처럼 비가 되어
자꾸만 내리네

옛 추억 낙엽 지는
창가에 서서
모진 마음 달래며
오직, 잊으려 해도

미소 속에 달려오는
얄미운 얼굴
눈앞에서 서성이는
얄미운 얼굴

계절季節이 돌아오면

당신은 철새였나요
기다림을 몰라주네요

단둘이 새긴 맹세
바람결에 날려 갔나요

계절이 돌아오면
내 곁으로 돌아오겠지

그리는 눈망울엔
이슬비가 내려앉고

오늘도 어제처럼
오직 당신 생각뿐인데,

소식 없는 당신은
이렇게도 애를 태우나요

할머니 손은 약손

나 어릴 적
배가 아파할 때면,
쓰다듬어 주시던
따스한 손길

할머니 손은 약손!
할머니 손은 약손!

흰머리에 주름진
인자하신 그 모습이
오늘따라,
무척이나 보고 싶어

별들도 잠이 든
강 언덕에 홀로 앉아
눈을 감고
조용히 그려 봅니다

할머니 손은 약손!
할머니 손은 약손!

나비를 닮은 여인

꽃들이 손짓하는
좁다란 길을 따라

춤을 추듯 걸어서 오는
나비를 닮은 여인

누굴 찾아오길래
걸음마저 가벼울까

스치는 바람결에
옷자락 날리며,

내 마음에 기다림을 주는
나비를 닮은 여인

말없이 지나치던
그 모습 새겨졌네

나를 반겨 달려오는 듯
나비를 닮은 여인

꽃길에는 쓸쓸히
바람마저 불어오네

또다시 어느 날에
만날 수 있을까

꿈길마다 다시 그려 보는
나비를 닮은 여인

빗속의 이별離別

하염없이 쏟아지는
밤비 속의 두 그림자

잃어버린 두 마음도
갈 길 찾아 헤매이네

마주 보는 눈망울엔
눈물이 흘러내리고

입가에는 못다 한 말
미소 속에 머물고 있네

이제 가면 우리 언제
다시 만날 수 있을까

돌아서는 발길 따라
빗줄기도 소리쳐 우네

먼 길

걸어온 길 뒤돌아보면
가지 못할 머나먼 길

세월 따라 바람 따라
정처 없이 왔는구나

굽이굽이 험한 길에
젊음마저 빼앗기고

내디디는 발길마다
석양이 울며 내린다

기약하면 푸른 꿈들
찾을 수는 있을런지

후회하며 희망하는
안타까운 이 내 마음

낙조落照

그 어느 날 잃어버린 첫사랑이 그리워서
맴을 도는 발길처럼 아쉬움에 흠뻑 젖어

산 너머에 머무는 빛바랜 하얀 노을
조각달 배 띄우고 저녁 이슬 머금었네

화려했던 꿈을 접고 슬픔에 겨워해도
갈매기 떼 나래 위에 새털구름 실어가네

또 하루를 쉬어간들 잊을 길은 없으련만
혹시 하는 마음속에 남은 생을 만끽하며

산 너머에 머무는 빛바랜 하얀 노을
오늘이 다시는 못 올 마지막 밤이라 해도

나는 너를, 너는 나를, 서로가 품었구나
못 잊어서 흐느껴도 어둠은 내려앉는다

빗나간 사랑

빗나간 사랑 앞에
너와 내가 울고 있네

서로가 좋아서
사랑을 하다 보면,

맑은 날 흐린 날이
있다고들 하지만

이별하는 날이 올 줄
꿈에도 몰랐었네

사랑이란 꽃으로
피었다가 시들어 버린

빗나간 그 사랑이
약속해서 울고 있네

나는 싫어 그런 사랑

사랑하다 싫어져서
헤어지면 그만이라고
말을 하는 사람들도 많지만,

나는 싫어 그런 사랑,
책임 없는 그런 행동

서로가 좋아서 만났으면
그 사랑을 위하여,
서로가 참으며 지켜 가야지

보석처럼 소중하게
꽃처럼 아름답게
아끼며, 보살피며, 가꿔 가야지

느낌 없이 만나다가
시들하여 돌아서 가는
바보 같은 사람들도 있지만,

나는 싫어 그런 사랑
나는 싫어 그런 사랑

원망怨望

이제 와서 후회해도
소용없는 일이지만,
미련만 남겨 놓고
떠나간 너를 못 잊어

이렇게
오늘 밤도
기다리다 지쳐서
미워하고 용서하고
그리워도 해본다

내 곁에 다가와서
사랑을 주던 너를
원망한들 무엇 하나
못 지킨 내 잘못이지

차라리,
텅 빈 가슴
부여안고 떠나가련다
먼 길을 떠나가련다

사랑의 나그네

스쳐가는 계절季節 따라
꽃들은 피어나건만
눈물 속에 피는 꽃이
이 내 마음 알아줄까

사랑을 잃어버려
미련에 눈물짓는,
나는야 떠돌이
사랑의 나그네

미운 적 없었는데
어느새 떠나 버린
얄미운 그 사랑
때문에 울었다

나는야 갈 곳 없는
사랑의 나그네
내리는 빗물마저
지친 나를 마신다

고백告白

오늘은 네가 달라 보여
유난히 예뻐 보여
내 마음이 끌리나봐
내 마음이 움직이나봐

어젯밤도 꿈길에서
달려오는 너를 보았어
수줍어서 말 못하고
날마다 애태우며

바보 같은 이 내 마음
망설임만 더해 왔네
오늘은 말할 거야
사랑하고 있다고…

오늘은 네가 예뻐 보여
유난히 예뻐 보여
내 마음이 끌리나봐
내 마음이 움직이나봐

그리운 마음

지금에야 알 것도 같네
내 마음 깊은 곳에
사랑이 머물다 간 것을

떠날 때는 몰랐었지만
이제야 그려 보는
정답게 새겨둔 그 얼굴

그대만이 내 곁에서
영원히 있어 준다면

나에게는
외로움도 슬픔도
없을 것 같네

달빛 좋은 날

맑은 하늘에 휘영청 밝은 달이 떴다
달빛 좋은 날 에헤야 달맞이 가자

맑은 하늘에 휘영청 밝은 달이 떴다
달빛 좋은 날 에헤야 임 마중 가자

지친 내 님은 어디쯤 오고 있을까
예쁜 그 얼굴 달님은 수줍을 거야

쥐불놀이 달집놀이에 정이 든 우리 님
달 밝은 날이면 날 그려 잠 못 들겠지

맑은 하늘에 휘영청 밝은 달이 떴다
달빛 좋은 날 에헤야 달맞이 가자

맑은 하늘에 휘영청 밝은 달이 떴다
달빛 좋은 날 에헤야 임 마중 가자

사랑의 종점終點

우연히 만나서 사랑을 했지만
이별이 두려워 말 못하고 지냈다

기다린 내 사랑 정을 준 내 사랑
그래도 남들처럼 참을 만큼 참았다

오늘이 종점인가 사랑의 종점인가
이별이 시작되는 사랑의 종점인가

말 못할 사연이 너무나 많았다
하지만 참았다 사랑했다 너만을

기다린 내 사랑 참아온 내 사랑
그래도 생각하면 눈물만이 앞선다

오늘이 종점인가 사랑의 종점인가
이별이 시작되는 사랑의 종점인가

사랑의 불청객不請客

쓸쓸한 길 바삐 걸어
주위를 살펴봐도
반겨줄 이 하나 없는
사랑의 불청객

날아가는 저 새들이
이 내 마음 알겠냐마는
울음소리 하늘가에
처량한 메아리 되네

그저 눈물이 난다
그저 눈물이 난다

어느 날
만날 수 있을까
떠나간 그 사람

기약 없이 쓸쓸한 길
돌아서는 불청객
반겨줄 이 하나 없는
사랑의 불청객

비 Rain

그 누가 울렸기에
슬프게도 소리치며 우나
깊은 밤에 잠이라도
벗 삼으면 달래지련만

무엇이 서러워
하염없이 창문을 때려 주나
내 마음속에 잠들어 있는
그리움마저 깨워 주려 하나

그 무슨 사연들이
가슴 깊이 쌓여 있기에
이 한밤이 다하도록
바람 따라 울면서 가나

지나간 날들을
미련 속에 생각해 무엇 하나
깨어나 버린 꿈이었다고
내 마음처럼 달래 보려무나

친구親舊에게

꿈이 크면 클수록
마음은 가난해진다며
나에게 용기를 주던
다정했던 친구야

우리 서로 멀리 떨어져
얼굴만은 변한다 해도
그때 그 마음 변함없이
가슴 깊이 간직하자

못 잊을 친구야
옛 시절 내 친구야
찬란한 추억들을
알알이 엮어서

만날 날을 기다리며
소식을 전한단다
부푼 꿈의 영광 속에
우리 다시 만나자

내 마음 알아주세요

내 마음
아직도 모르시나요
당신을
사랑하는 이 내 마음을

어느 날
나도 모르게 사랑을 알았고
수줍어 말 못하고
애만 태우는데

눈길로
표현하는 애틋한 마음
사랑하고픈
내 마음을 알아주세요

사랑이 떠날 때

사랑이란 무엇일까
정이란 무엇일까

쌓을 때는 몰랐는데
떠난다는 한마디에

사랑했던 이 내 마음
미어지는 아픔 속에

송두리째 무너져서
불길 따라 타버렸다

아!
사랑이 떠나려 할 때
하늘이 울고
나도 울었다

아!
사랑이 멀어져 갈 때
하늘이 울고
나도 울었다

잃어버린 행복幸福

만남이 즐거울 때
하루해가 너무 짧았고
아쉽게 가는 시간
너무도 야속했는데

내 사랑 떠나던 날
사랑 탑이 무너지고
나만이 간직했던
행복마저 떠나버렸다

돌아올 기약 없는
너 하나만 기다리며
잃어버린 그 행복을
찾으면서 떠날 수 없네

호수湖水

숨져 가는 석양 너머
노을빛이 울고 있고

잔잔한 물결 위에
낙엽 하나 맴돌고 있네

외줄기 바람이라도
살포시 불어 준다면

돛단배처럼 두둥실
임 찾아서 가련만

이내 발길마저도
붙잡아 놓고
말 없는 호수

별빛 잠드는 호숫가에
낙엽 하나 외롭구나

하얀 얼굴

새하얀 종이 위에
그려 보는 하얀 얼굴

못 잊을 아름다운
너의 얼굴 하얀 얼굴

낙엽이 뒹구는
가슴 깊이 그리움 주고

어디론가 떠나 버린
무정한 여인이지만

새하얀 종이 위에
새겨 보는 하얀 얼굴

그리워 그려 보는
너의 얼굴 하얀 얼굴

다시 한 번 생각해 봐요

떠난다고 말하면서
울먹이며 돌아서는 당신
때늦게 하는 후회
아무 소용 없어요

후회는, 뒤에 오는 것
다시 한 번 생각해 봐요
영원한, 당신의 사랑은
오직 나뿐이요

다시 한 번 생각하고
후회하며 뒤돌아볼 때는
서로가 떠나가고
찾을 수가 없어요

후회는, 뒤에 오는 것
다시 한 번 생각해 봐요
영원한, 당신의 사랑은
오직 나뿐이요

붉은 사연事緣

웃으면서 찾아왔다
아쉬움 주고 가는

아름다운 꿈길처럼
꽃 한 송이 붉은 사연

살며시 눈 감으면
그 모습 곁에 있네

아! 사랑
여자의 수줍은 가슴에,

아름답게 심어 주는
첫사랑이련가

태양에 젖어 버린
꽃처럼 붉은 사연

지금쯤엔,

서로가 미련 없이
헤어졌다 해도

강물처럼 흐른 세월이
지금쯤엔 말을 해줄 거야

지난날 우리 사랑
행복을 배웠다고

그때는 몰랐어도
지금쯤엔 알 거야

낙엽처럼 떨어져 가던
세월들이 쌓여져 갈 때,

진실한 우리 사랑
아쉬움 남겼다고…

임에게

오늘도,
이 한밤은 소리 없이
내 가슴,
깊은 곳으로 굽이쳐 가고

밤길에,
정을 두는 저 별들은
이 마음,
쓸쓸한 곳에 외로움을 주며

그렇게
떨어지는 세월들은
당신의 얼굴,
얼굴을 자꾸만 새겨 주지요

그 언제,
오시려나 보고픈 임이시여
지난날,
아름답던 사랑을 찾아서

그 언제, 오시려나
얄미운 임이시여

철 좀 들어라

얘! 얘! 철 좀 들어라
네 나이가 몇인데 그래
아직도 철없이
무작정 살아가니?

마음잡고 열심히
노력해서 돈 많이 벌어
예쁜 처녀 만나
장가가서 잘 살아야지

허구한 날 사고 치고
장난질로 살아간다면
평생 외로이 홀로
늙어야 하는 거야

어느 아가씨가
네가 좋아 시집오겠어
얘! 얘! 철 좀 들어라
이제부터 정신 좀 차려

내 인생의 이정표里程標

바람 불면 부는 대로 낙엽 따라 걷고
비가 오면 우산 없이 비에 젖어 걷고

어떤 날이든, 어떤 길이든 말없이 걸었다
내 인생에 이정표가 없다고 생각 마라

보기보단 계산 많고 할 일도 많단다
그래도 이 세월에 내 인생을 맡겼다

해가 지면 밤길 따라 어둠 속에 걷고
눈이 오면 우산 없이 자국 따라 걷고

어떤 날이든 어떤 길이든 한없이 걸었다
내 인생에 이정표가 없다고 생각 마라

이래 봬도 인정 많고 잔정도 많단다
그래도 이 세월에 내 인생을 맡겼다

말! 말! 말!

말이라고 하는 말이면
다 같은 말일까요

우리들이 하는 말들 중
이런 말 저런 말들,

그 말속에 뼈가 있고
비수가 있고 상처를 주고

할 수 있는 말도 많지만
못 할 말도 더 많은 것

입장 바꿔 생각해 보면
조심해야 하는 말들

하고 싶은 말이 많아도
때로는 참아야 해요

청산青山에 길을 물어

흘러가는 세월 따라
구름처럼 살았습니다

때로는 청산에
길을 물어 걸어왔습니다

이 세상에 내 사랑은
오직 당신 하나뿐

당신만을 믿으면서
한평생 살아가렵니다

사랑의 힘이 내 인생의
희망이고 미래입니다

청산에 길을 물어
물어, 물어 살아 보렵니다

사랑 바보

저 강물이 굽이 흘러 어디로 가는지
저 새들이 설피 울며 어디로 가는지

사랑이 무엇인지 이별이 무엇인지
나는, 나는 아무것도 모른답니다

나는 그저 그 사람을 좋아한답니다
남들처럼 그림을 그릴 줄은 몰라도

그 사람이 보고 싶을 때는 눈을 감고도
그 사람의 얼굴은 그릴 수 있어요

나는 그저 그 사람을 좋아한답니다
나는 그저 그 사람을 좋아한답니다

노을 속에 지는 해가 어디로 가는지
구름 속에 부는 바람 어디로 가는지

사랑이 무엇인지 이별이 무엇인지
나는, 나는 아무것도 모른답니다

수수께끼 인생人生

실타래를 풀어 가듯
알쏭달쏭 수수께끼 인생

나의 님은 누구일까
얼마나 잘 생겼을까

언제쯤에 만나게 되고
언제쯤에 결혼을 하고

아이 낳고 알콩달콩
행복하게 정말 잘 살까

돈은 벌까 부자로 살까
몇 살까지 살 수 있을까

이 내 인생 궁금하네
알쏭달쏭 수수께끼 인생

사랑의 침묵沈默

다정한 별들이 살며시
전해 주는 외로움을
가슴에 촛불처럼 밝혔네

꺼질 듯,
꺼질 듯이,
춤을 추는 불꽃이

아스라이
멀어져 간
얼굴 하나 그려 주면

잊은 줄
알았던
지난날의 사랑이

또다시
내 마음을
못 견디게 때려 주네

믿어야 하나요

열 길 물속은
알 수 있어도
한 길 사람 속은
모른다더니

진심이라며
하시는 그 말씀
당신의 그 표정이
장난 같아요

아무리 생각을
되풀이해 봐도
당신의 마음을
알 수가 없네요

그래도 당신을
믿어야 하나요
그럼 다시 한 번
나를 유혹해 봐요

우린 친구親舊

여! 오랜만이야, 이게 누군가
정말, 정말 오랜만이야

우린 언제나 다정했었지
푸른 꿈속에 살았지
크나큰 꿈을 키워라
나의 친구야

지난날에는 헤어지면
못 살 것 같았는데
변해 가는 세월 따라
엇갈린 길 걸어왔네

헤어져도 변치 말고
서로의 행복을 빌어 주자
영원토록 잊지 못할
나의 친구야

여! 오랜만이야, 이게 누군가
정말, 정말 오랜만이야

화花

화!
나는 너를 사랑했다

화!
나는 너를 잊을 수 없다

헤어지자는 그 말만은 말아줘
어차피 엇갈린 운명이라면

미련 없이 돌아서겠지만 아니잖아
너도 나를 사랑하고 있잖아

내 가슴에 아픈 상처를 남기고
너는 이대로 떠날 수 없다

그건 바로 내가 너 하나만
바라보며 사랑하고 있기 때문이야

그대는 내 사랑

옛정을 못 잊어서
당신을 찾아왔건만

오매불망 내 사랑은
찾을 길이 막연하고

뜨거운 눈물이
두 뺨을 때려 주네

아!
그대는 내 사랑,
그대는 내 사랑,

다시 한 번 그날들이
돌아와 준다면

이 생명 다하도록
변함없이 사랑하리라

옛날이야기

할아버지께서 들려 주신 옛날이야기

나 어릴 적,
뛰놀던 뒷동산 옆 모퉁이
기슭에 있는 조그만 초가에
도깨비가 살고 있었지

이마엔 눈 하나, 머리엔 뿔 하나,
이상하게 생겨서 조금은 무서웠어
도깨비 집 가는 길목엔 호랑이들이 모여
불장난을 하고 담배를 피우며 놀았지

가끔씩 도깨비불과 호랑이불이
싸울 때도 있었지
우리들 모두는
밤이면 너무 무서워서

혼자선 바깥을
나가 다닐 수가 없었단다
지금에 생각하면
까마득한 옛날이야기지

안녕이란 말도 못하고

우리 둘이 함께하며
정든 이 거리를
오늘 밤도 쓸쓸하게
나 홀로 걷는다

안녕이란 말도 못하고
너만을 보내 놓고
후회하며 소리 내어
너의 이름 불러 본다

떠난다던 한마디가
너무나 슬퍼서
그 이유가 무엇인지
묻지도 못했다

안녕이란 말도 못하고
너만을 보내 놓고
후회하며 소리 내어
너의 이름 불러 본다

우리네 인생人生

서산마루 지는 해에
또 하루가 흩날리고

우리네 인생 강물처럼
굽이굽이 흘러서 간다

지난날에 일구어 둔
재물들이 많다 해도

못다 이룬 아쉬움들이
더 많은 게 우리네 인생

죽어서, 저세상으로
가져갈 것 하나 없다

무거운 짐 내려 놓고
진한 웃음 한번 웃자

마음의 문 활짝 열고
진한 웃음 한번 웃자

내 마음 머무는 곳

조각구름
머무는
그곳에 내 마음이 있네

눈물 같은
빗줄기
그 속에 내 마음이 있네

피어라
꿈이여!
슬픔일랑 씻어 버리고,

먼 훗날
또다시
옛 임이 생각날 때면

그때는

지난날을

잊었다고 말하리라

임의 얼굴

머무는

그곳에 내 마음이 있네

먼 하늘가

무지개

그 속에 내 마음이 있네

우리 함께 가요

우리 함께 가요
우리 함께 가요
조각배에 꿈을 싣고
노를 저어 멀리 가요

지난날 외로운
시련들 지워 버리고
붉게 타는 태양 아래
푸른 파도 헤치며,

우리 함께 가요
우리 함께 가요
조각배에 꿈을 싣고
행복 찾아 멀리 가요

우리 함께 가요
우리 함께 가요
조각구름 배를 타고
하늘 멀리 날아가요

스쳐간 사연들
모두 다 잊어버리고
붉게 타는 태양 아래
뭉게구름 헤치며,

우리 함께 가요
우리 함께 가요
조각구름 배를 타고
행복 찾아 날아가요

지금은 잊었다

당신이 내 곁을
말없이 떠나 버린 뒤

미워도 했지만
행복만은 빌었다

항구의 등대처럼
당신을 지켜주며,

영원을 꿈꾸던
지난날 내 마음

사랑의 순간들이
파도처럼 밀려와도

그날은 생각 말자
지금은 잊었다

잊어야지

잊어야지 잊어야지
맺지 못할 사랑이라면
철새처럼 떠나 버린
님이지만 잊어야지

아! 님의 음성
아! 님의 얼굴
지울 수가 없어도
잊으려고 애를 쓰며
잊어야지 잊어야지

잊어야지 잊어야지
다시 못 올 사람이라면
정을 두고 떠나가던
님이지만 잊어야지

아! 님의 음성
아! 님의 모습
지워지지 않아도
잊으려고 미워하며
잊어야지 잊어야지

사랑의 계절季節

봄 여름 가을 겨울
사계절 중에

사랑이 피어나는
사랑의 계절

추운 겨울
찬바람이 불어와도

아름다운 꽃으로
피어나는 계절

우연히 둘이 만나
정이 들면은

두근두근 마음 설레는
사랑의 계절

울고 있나요

당신은 돌아서서
울고 있나요
무슨 일로 나도 몰래
울고 있나요

우리들의 그 사랑을
위해서라면
괴로움이 온다 해도
난 괜찮아요

이별이 온다 해도
참을 수 있어요
당신 위해 무엇이든
다 할 수 있어요

말 못할 사연이라
울고 있나요
무슨 일로 나도 몰래
울고 있나요

임 찾아가려마

노을 진 강 언덕에
긴 그림자 드리우고

고개 숙인 사나이가
흐느끼며 서 있구나

남들처럼 사랑하다
슬픈 이별하였기에

헤매 도는 발길 속에
꿈들마저 잃었는가

짝을 잃은 새 한 마리
짝을 찾아 날아가듯

젖은 걸음 재촉하여
임을 찾아가려마

못 잊는 마음

정 주고 떠나간
당신을 못 잊어

쓸쓸한 밤길을
외로이 걷는다

다시는 못 올 줄은
알고 있지만

그래도 보고파
그래도 못 잊어

아! 내 사랑
마지막 이 자리

아! 그 음성
마지막 그 인사

가슴에 남은 건
바보 같은 미련뿐이다

우린 닮았대요

우리는,
뜨거운 사이랍니다
우리는,
서로 사랑하는 사이랍니다

언제나 우리는
변함없이 다정하지요
남들은 우리를
너무나 닮았대요

아마도 우리를
남매인 줄 아는가 봐요
그래서 우리를
볼 때마다 닮았대요

우리는,
행복한 사이랍니다
우리는,
같은 꿈을 꾸는 사이랍니다

임 생각

가슴속에 피운 촛불
꺼질 새라 감싸고

희미한 초승달
잠들 때를 기다리네

바람 불면 낙엽송
소리치며 울려나

아련한 임의 얼굴
지우지나 말아주렴

외로운 물새처럼
호숫가에 섰다면

석양에 물든 낙엽에
아픈 사연 띄우련만

보내야 하는 마음

웃으면서 보내야 하는
뜨거운 내 마음을

떠나가는 당신은
모르실 거예요

빗물처럼 내리는
눈물 속에 감추고

먼 훗날을 기약하며
마음을 달래지만

그래도 사랑했다
당신만을 사랑했다

만날 길이 없다 해도
보내야 하는 마음

보고 싶다

쓸쓸한 밤거리를
나 홀로 걷노라면

가 버린 그 사람이
자꾸만 생각난다

떠나간 그 이유는
아직도 모르지만

지금쯤 그 사람도
내 생각 하고 있겠지

보고픈 이 마음은
참을 수가 없어서

소리쳐 울어 본다
아!
그래도 보고 싶다

기약期約

그 무엇이 세월 속에
우리를 갈라놓아

이대로 말 못하고
돌아서야 하는 가요

꽃이라면, 철새라면,
계절 쫓아 기약할 걸

두 마음은 언제라도
그리움만 간직한 채

세월을 원망하고
떠나갈 임 원망하며

가슴에 새긴 것은
아름다운 언약인가

정情 잃은 눈동자

못다 한 사랑에
아쉬움 남기고
가야만 하고 보내야 하는
이별의 이 순간

정 잃은 눈동자
눈물 어린 눈동자
웃으며 보내고
꿈길에서 만나리

한없이 정 주고
사랑한 임인데
보내야 하고 잊어야 하는
이별의 이 순간

정 잃은 눈동자
사랑 잃은 눈동자
말없이 보내고
흐느끼며 잊으리

별star

그 누가 쓰다 버린
사연들처럼
밤하늘에 흩어진
숱한 저 별들

깜박깜박
외로운 눈동자마냥
적막한 이 한밤을
지새우려 하네

구름이 흐르면
서럽게 들고
달빛이 밝아지면
쓸쓸히 지네

이 밤이
다하도록 흘러서 가면
어디에서 다리 펴고
쉬었다 갈까

이별離別인가

따가운 태양 아래
만물이 붉게 타고
저무는 노을 따라
이 마음 검게 타네

사랑을 좇는 곳에
아쉬움의 샘이 솟고
이별의 길목에는
그리움이 내린다

부둥켜 노닐 때는
사랑이 즐겨 웃고
돌아서 떠날 때는
미움이 슬피 운다

지금이 이별인가
가슴이 미련에 젖고
못 잊어 눈물 속에
한숨이 나래 편다

해변海邊에서

돛단배 파도 위를
바람결에 떠가고
물새들은 짝을 지어
어디론가 날아서 가네

수평선 아득한 곳
하늘은 내려앉고
석양에 길어지는
내 그림자 하나

그 누구를 기다리나
이젠 돌아가야지
파도처럼 달려오는
그리움뿐인 것을

너라서

너라서 믿었고
너라서 사랑했다
그런데 이건 아냐
약속이 다르잖아

떠날 땐 서로가
행복을 빌어 주고
또다시 생각나도
잊어 주자 약속했지

이별의 인사도 없이
떠나가 버린 너
너무나 황당하고
후회스럽고 실망스러워

지금에 생각하면
내가 알던 네가 아니야
너라서 믿었고
너라서 사랑했다

그녀는 예뻤다

그녀는 예뻤다
언제나 예뻤다
걷는 모습, 웃는 모습,
모두가 다 예뻤다

누구나 그 모습을
바라보고 싶어 했고
그녀와의 봄날을
설레면서 기다렸는데

언제부턴가 그녀는
보이지 않았어
지금쯤은 어디에서
외롭게 살고 있을까

오늘따라 궁금하네
몹시도 궁금하네
그녀는 예뻤다
너무나 예뻤다

뜨거운 눈물 속에

잊은 줄 알았던
그 사람
생각이 난다
그 사람도 나처럼
못 잊어 생각할까

돌아서던
그날은
웃으며 안녕 했는데
깨알 같은 사연들이
눈꽃처럼 피어나네

뜨거운
눈물 속에
그 얼굴 떠오르고

뜨거운
눈물 속에
그 음성 들려오네

떠나 버려

잊으라며 돌아서서
고개는 왜 돌려

가야 하는 이유가
무엇인지 몰라도

그래도, 한 번쯤
생각해 보고 말을 하지

떠나면서 머뭇머뭇
뒤돌아보지 말고

지키지 못할 사랑이라면
미련을 버리고서

말없이 떠나 버려
후회 없이 떠나 버려

강물아!

소리 없이
흘러가는 강물 위에
돛단배 외로이
어디로 가나

산기슭 굽이엔
진달래 지고
잎새마다
이슬방울 맺혀 있고,

갈대밭 새들의
노래 소리는
임 잃은 구슬픈
울음 같구나

강물아! 강물아!
어디로 가느냐
외로운 내 마음도
실어가 주렴

남촌南村 아가씨

나물 캐는 바구니에
꽃가지 꺾어 담고
콧노래 부르는
첫사랑 아가씨

구수한 사투리에
빛나는 그 눈동자
언제나 보고 싶은
남촌 아가씨

진달래꽃 곱게 피는
재 너머 살고 있는
사랑을 모르는
철부지 아가씨

입가에 미소 짓는
아름다운 그 모습
첫사랑에 못 잊을
남촌 아가씨

다시 찾지 않으리

옛사람을 못 잊어서
다시 찾은 정든 거리

오늘따라 궂은비가
내 발길을 적셔 주네

무지갯빛 추억들이
눈물 속에 찾아오고

아름다운 그 모습은
저 멀리로 가 버리네

다시 찾지 않으리라
그녀와의 이별 거리

남겨져서 외로울 길
다시 찾지 않으리라

못 잊을 임이라면

못 잊을 임이라면
보내지나 말 것이지
잊는다고 말해 놓고
돌아서서 후회하네

지난날 언약인들
무슨 소용 있을까
내가 미워 원망하며
못 잊어서 울고 있네

못 잊을 임이라면
보내지나 말 것이지
안 된다고 말했으면
떠나가지 않았을까

행여나 돌아올까
타는 마음 설레도,
소식 없어 원망하며
못 잊어서 울고 있네

고독孤獨한 사랑

헤어지면 보고 싶고
만날 수 없는 당신

오늘 밤도 젖은 발길
길목에서 서성이네

꿈길에서 타 버리는
그리운 얼굴은

이 내 마음 아는 듯
달래주고 떠나지만

아! 애타는
마음만 더 하고

꽃잎처럼
밤이슬에 젖어 버린

고독한 사랑

사랑의 가치價値

이 세상 불빛이 모두 다 꺼져 가도
영원한 것은 꼭 한 가지 사랑이랍니다

당신의 두 눈에 빛나는 생명의 불
한세상 가는 길에 행복을 약속하는

진주보다 더 귀한 아름다운 사랑
영원한 생명 꼭 한 가지 사랑이랍니다

이 세상 꽃들이 모두 다 시들어 가도
영원한 것은 꼭 한 가지 사랑이랍니다

당신의 입가에 미소는 생명의 꿈
인생길 험한 길에 등불이 되어 주는

무엇보다 더 귀한 아름다운 사랑
영원한 생명 꼭 한 가지 사랑이랍니다

내 고향故鄕아!

밤이면
꿈길마다
달려오던 고향이건만,
어느새
이렇게도
몰라보게 변했구나

어린 시절
물장구치던
징검다리 없어지고
벌거숭이
코흘리개
소꿉친구 다 어디 갔나

어쩌면
미련 없이
고향을 버렸을까
지난날의
추억을 캐면서
나 여기 살련다

낙엽落葉

쓸쓸한
바람 속에
뒹굴며 가는
낙엽 하나
메마른 아스팔트 길에
아쉬움 달래네

낙조에
발길 잃고
헤매는 내 모습처럼
풀벌레가
울어 주는
한밤을 지새우려 하네

그 무슨
사연들이
가슴 깊이 사무치길래
정처 없이
머나먼 길을
말없이 떠나려 하는가

잘될 거예요

마음을 열어 놓고
살아가노라면,
세월의 강물 따라
흘러가노라면,

우리의 사랑이든
무슨 일이든
모두가 별 탈 없이
잘될 거예요

언제나 당신만을
믿고 살겠어요
사랑의 시련들도
감수하겠어요

길 part I

인간人間으로 태어나 가야 할 길을 크게 두 갈래 길로 구분할 수 있겠다

바로 삶의 길과 죽음의 길일 것이다

대부분의 사람들은 수긍首肯하고 묵묵히 살아가지만, 그 두 길 중에 삶을 포기抛棄하고 죽음의 길을 선택하는 사람들이 간혹間或 있다

과연 죽음의 길을 선택하는 것이 올바른 행동인가 하는 것은 차치且置하고 "사는 것 보다 죽는 것이 더 어렵다"는 말도 있는데 이는 정말 막다른 선택選擇이 아닐 수 없다

그런데 한 가지 생각해 볼 문제가 생긴다 그것은 죽음을 선택하지 않아도 흐르는 세월歲月을 따라 우리는 죽음의 길로 가고 있다는 거부拒否할 수 없는 사실事實이다

과연 다가오는 그 시간時間 전에 하루라도 빨리 그 길을 선택해야만 한다는 정말 절박切迫한 그런 무엇이 있었을까

다시 한 번 돌이켜 생각하는 여유餘裕를 가져 보면 분명 후회後悔할 기회機會도 있을 터인데 선부른 판단判斷으로 모두를 안타깝게 하고 자신自身의 존엄尊嚴한 생명을 포기抛棄하며 마지막 마무리를 진행형進行形으로 남겨 두려 하는 사람들이 가끔씩 있다는 사실이 문제다

그렇다, 시간이 흘러가는 테두리 속에 우리는 존재存在한다

그런데도 그 흐르는 시간 속에 우리도 함께 흘러가고 있다는 자연自然의 섭리攝理를 느끼기를 거부拒否하고 있는 것은 아닐까

오늘에 충실充實하다 보면 내일이 오게 되고, 또한 늙어가고 새로운 생명生命들의 탄생誕生을 축하祝賀해 주며 그렇게 흘러가다 보면 생을 마감해야 할 순간이 올 것이다

마감의 방법方法도 여러 가지로 많을 것이다

어떠한 질병疾病으로 고생苦生을 하다가 가느냐 아니면, 어떠한 사고事故로 하직下直하느냐

이렇듯 자연自然의 섭리에 의하여 우리는 계속 그 길로 다가가고 있는데 마지막에 세상을 하직하는 방법方法 등의 부분들은 자신의 운명運命에 맡겨야 할 것이다

길 part II

그 누구의 길과 흡사恰似할지도 모를 이 길

꼭 그렇다 하여도 부인否認할 수 없는 경지境地에서 멈추어 서 버리는 길이 되어 버릴지언정, 나에겐 가야만 하고 또한 막을 수조차 없는, 아니 막아서도 아니 되는 나만의 길

이 길을 머나먼 길이라 하여 모퉁이 길에서 잠깐 쉬었다 간다 한들 언제까지나 머물러 있을 수만은 없는 길……

어떠한 시련試鍊의 덩이가 전장戰場의 파편破片처럼 하나, 둘 나를 향해 날아온다 해도 묵묵히 이겨 가는 바람막이가 되어 버리련다

훗날을 위하여… 미지未知를 개척開拓하려는 개척자의 모험冒險을 가슴에 배워 가듯, 이 시간時間의 순간瞬間보다 더 머나먼 순간을 위하여, 그렇다고 하여 꼭 그렇게 되어 버려야 한다는 한 가닥의 욕심慾心만은 아니다 다만, 잊고 싶고 불사르고 싶은 마음속 깊이 생동生動하는 여러 갈래의 알 수 없는 장애물障碍物들을 헤쳐 나가야만 한다는 까닭에서 일 것이다

그러나 자꾸만 흘러가고 또 다가오는 시간의 흐름 속에 생의 이 발길은 어느덧 그 속에 실려 거센 파도를 헤쳐 나가는 조각배를 탄 것처럼 불안不安과 안타까움의 연속連續 때문일 것이다

그러나 이 내 마음 모든 것 다 버리고 아니, 모두 잊은 채, 내일을 향하여, 지금도 걷고 있지만 언제까지나 가야만 한다

꽃피는 봄날, 햇볕 따가운 여름날, 낙엽 지는 가을날, 눈 내리는 싸늘한 겨울날, 이 모든 계절季節의 흐름 속의 나그네가 되어 하늘의 한 점의 구름을 따르듯 재를 넘고 강을 건너서 가야만 한다

난, 언제나 이 많은 시련試鍊과 극복克復의 갈래 속에서 중간자中間子가 되어 아니, 미련퉁이가 되어 발걸음을 재촉하여야만 한다

내 가슴에 맥박脈搏의 고동鼓動이 멈출 때까지, 생의 종말終末이 올 때까지, 이 세상의 모든 것이 끝날 때까지 오직 가야만 한다

나에게 다가오는 나만의 길을, 하염없이 밀려오는 파도 같은 길을, 머나먼 길을 따라서 가야만 한다 오늘도, 내일도, 또 내일도……

길 partIII

끝이 없는 머나먼 길

그 길목엔 가로수로 가득 울을 쳐 태양太陽의 빛을 숨긴 채 아스라이 숨결을 담아 주는 길

옛 추억追憶에 잠드는 이 내 마음의 길은 활짝 개인 푸르른 하늘이건만 볼 수도 보일 수도 없는 안타까움 속에 묻혀, 하루를 헤아리는 기나긴 나날들,

그날은 가도 또다시 내일來日은 오는 것 내일에 나의 길이 있다 해도 오늘의 아쉬움은 마냥 쌓여져야만 하는가?

아! 떠나 버린 나날들을 잊어버릴 수만 있다면 오늘의 이 길이 나에게는 없을 걸, 하지만 또 내일을 위하여, 태양을 그리워하며 태양의 길을 따라 도는 해바라기처럼, 끝없이 그리는 건 또 다른 미지未知의 녹색綠色 마을…

정녕 나를 반겨줄 길이 있으련만 이 발길, 이 내 마음은 언제나 변變함이 없으니, 나를 못 잊어 찾아 줄 거라고, 찾아 줄 때도 있으리라고 달래임을 되풀이 하건만, 한 가닥의 꿈으로 아쉽게 끝나 버릴 것인가 그러나 그 꿈속에서 한 송이 꽃이 피어나 현실現實로 다가와서 나의 길 나만의 이 길에 언젠가는, 그 언젠가는 빨갛게 상기된 얼굴의 소녀가 미소媚笑 속에 나를 반겨 주듯이 열려 주리라, 깜깜한 순간을 벗어나 길이 훤하게 열려 주리라

굳게 닫힌 녹이 슨 철문이 삐거덕거리며 열리는 것처럼 그렇게, 어렵게 그렇게, 굉음으로 창공蒼空을 가르며…

내가 걸어가는 나만의 길에 꿈의 나래를 펼쳐 주리라 정녕 꿈이 아닌 현실로 다가와 그 길목에서……

길 partIV

좁다랗고 널따랗고, 칡넝쿨마냥 뒤엉킨 수많은 길

난 머나먼 길이라도 좋다, 아니 곧은길이 아닌 꼬부라진 길이라도 좋다

그 길목에 코스모스나 들국화가 만발滿發하면 더욱 좋겠다

그 꽃들 위를 벌 나비가 춤추고 새들이 노래하면 더욱더 황홀恍惚한 경지境地 속으로 빠져들고 말겠지 그러나 막다른 골목이나, 사잇길, 또는 여러 갈래 제멋대로 흩어져 있는 길이라면 나는 뒤돌아서야만 한다

인생의 삶의 고뇌苦惱를 생각하면서… 모든 시련試鍊들을 뇌리腦裏 속에서 잠재워야만 한다

수많은 날들의 헤아림 속에서 어느 날은 빗속을 우산도 없이 헤매며 걸어야 하고, 어떤 날은 따가운 햇볕을 피해 그늘을 찾아 헤매야만 한다

인생의 길목에도 그러하듯 어제가 있었기에 오늘의 이 순간이 있고 또 내일이 있는 것

길은 언제나 늘려 있고, 이내 발길은 언제나 그 길 위를 머무른다

그러나 발길은 오늘을 재촉하며 이내 한 몸을 실어가고 있다 어느 쪽으로의 가는 방향의 감각도 잃은 채, 그저 서광曙光이 비치는 틈바구니를 찾아서 헤맬 뿐이다

내 목소리

■ 반성문

내 목소리는 크다
처음 듣는 사람은 내가 화를 내며 이야기하는 걸로 오해하기 십상이다
사실은 내 성격이 다혈질이어서 가끔씩 흥분하는 경우도 있지만은 원래 목소리가 큰 편이다
집사람은 나를 보고 항상 지적을 한다
난 화가 난다
원래 큰 목소리를 대화 중에 자꾸만 지적을 하면 대화의 맥이 끊어지기 때문이다
그런 경우가 종종 발생하기도 한다
그래서 조심해 보고 노력도 해보지만 고쳐지지가 않는다
내 귀가 어두운 탓인지 도무지 그 원인을 나도 알 수가 없다
상대를 설득해야 하는 경우에도 먼저 흥분을 하고 화두를 꺼낸다는 것은 나의 화술의 실패다
그런데 사회적인 활동에서 눈에 거슬리는 일들이 너무도 많다
속이 부글부글 끓을 때가 한두 번이 아니지만 나와 직접적으로 관계되는 일이 아니어서 참고 넘길 때가 너무 많다
아무튼 오늘도 나는 큰 목소리로 대화를 시작한다
어떤 경우는 5개월 된 외손자 「민준」이 녀석 보고 귀엽다

고 이름을 부르면 이 녀석이 내 목소리에 깜짝 놀라는 때가 있다

물론 더 큰 5살배기 「기완」이 녀석도 마찬가지이지만
그럴 때는 정말 미안함을 절실히 느낀다
정말 불치의 병일까?
마음먹는 걸로 고쳐질는지 의문이다
노력해 봐야겠다
새해를 맞이하며 반성을 아울러 각오로 다짐을 해 본다

2013. 12. 31. 癸巳年의 마지막 날

「이 도서의 국립중앙도서관 출판예정도서목록(CIP)은 서지정보유통지원시스템 홈페이지(http://seoji.nl.go.kr)와 국가자료공동목록시스템(http://www.nl.go.kr/kolisnet)에서 이용하실 수 있습니다.(CIP제어번호: CIP2014025855)」

세월무상歲月無常

초판 1쇄 발행 2014년 9월 12일

지은이 윤주동 **펴낸이** 임정일
편　집 박세인 **디자인** 정진희

펴낸곳 책나무출판사
출판신고 2004년 4월 22일(제318 · 00034)

주소 서울시 영등포구 신길3동 325 · 70 3F
전화 02 · 338 · 1228 **팩스** 0505 · 866 · 8254
홈페이지 www.booktree.info

ISBN 978-89-6339-411-4-03810